I0101451

L⁵h
1205

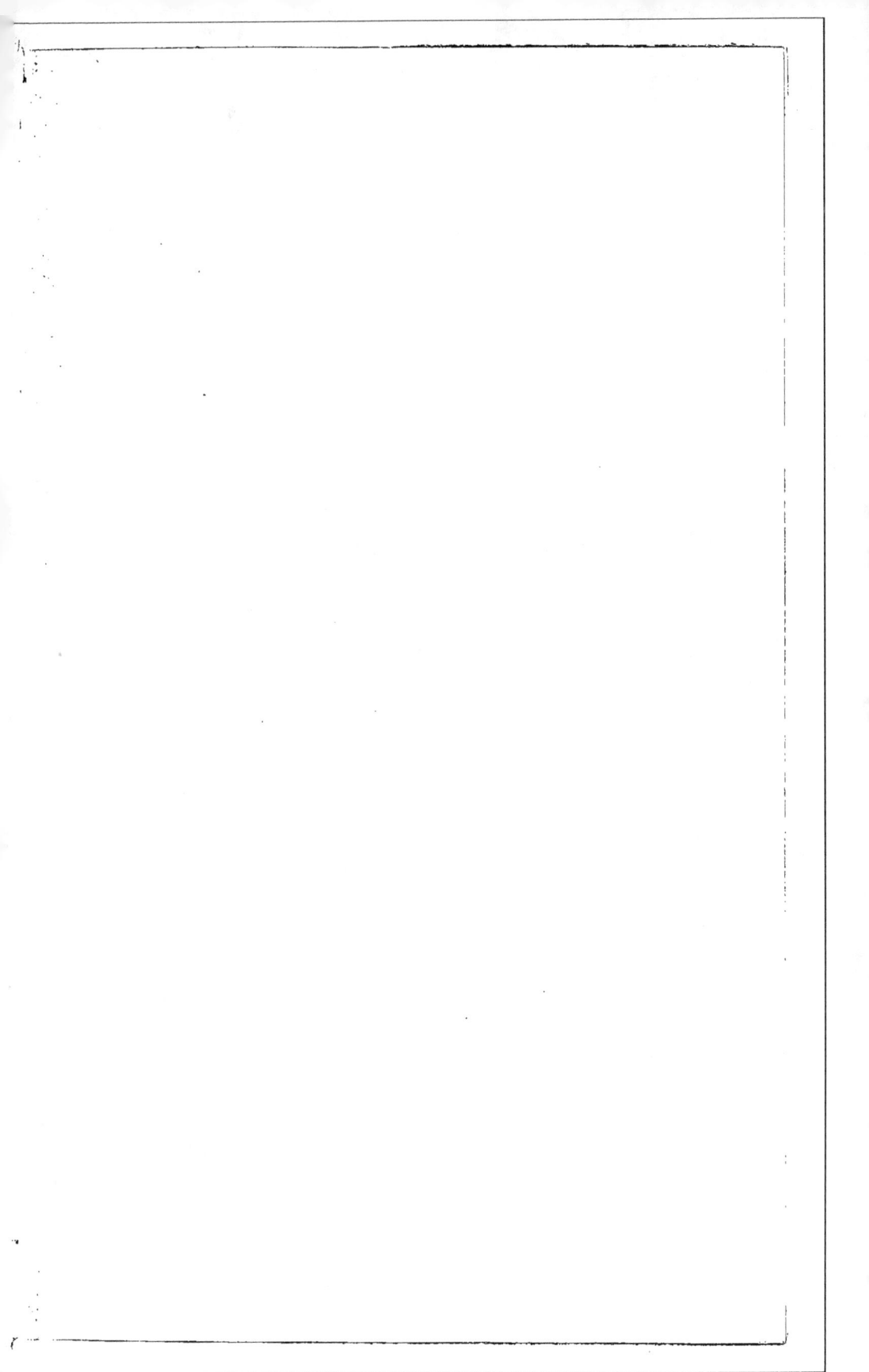

DEPOT LEGAL
SAONE & LOIRE
85
1876

LE

COMBAT

DU

1ᵉʳ DÉCEMBRE 1870

A

AUTUN

A LA MÉMOIRE DES SOLDATS MORTS POUR LA DÉFENSE DE LA VILLE

T. GUÉRINEAU	E. B. AUNIS
P. ROUSSEAU	P. E. U. SALLOMON
P. F. BERNICARD	J. CAILLÉ
R. E. PAJOT	A. P. DRABIER
R. P. BIGOT	J. LEBLANC
C. GIRAUDEAU	L. L. PENAUD
J. BOUTHILLER	H. BOUDOT
H. J. BERANDEAU	A. E. BALMIER
L. E. GAUDIN	E. DELET
M. RAULT	E. ROCHETEAU
P. COUSIN	A. BIBARD
L. DAUNAS	J. COUPEAU
C. RODIN	J. BARGEREAU
MALINJOUD	G. LOMBARD
J. M. VERDAN	L. FRAYSSINET
J. B. GINESTET	P. J. PLECAT
S. L. MARCHAND	J. ALBIN
J. R. A. MARI	M. MARI
J. ROVERY	J. BELLISSIER
F. POULOT	L. DAUMAS
J. PARLEJA	F. GRAVINO
A. BŒUF	B. C. PIAZON
A. G. A. BOLGIANI	D. LABORDU
QUATRE INCONNUS	

DÉLIBÉRATION
DU CONSEIL MUNICIPAL
DU XVI DÉCEMBRE
MDCCCLXXI

H5h
205
Lh5
205

HOMMAGE AUX VAILLANTS DÉFENSEURS

D'AUTUN

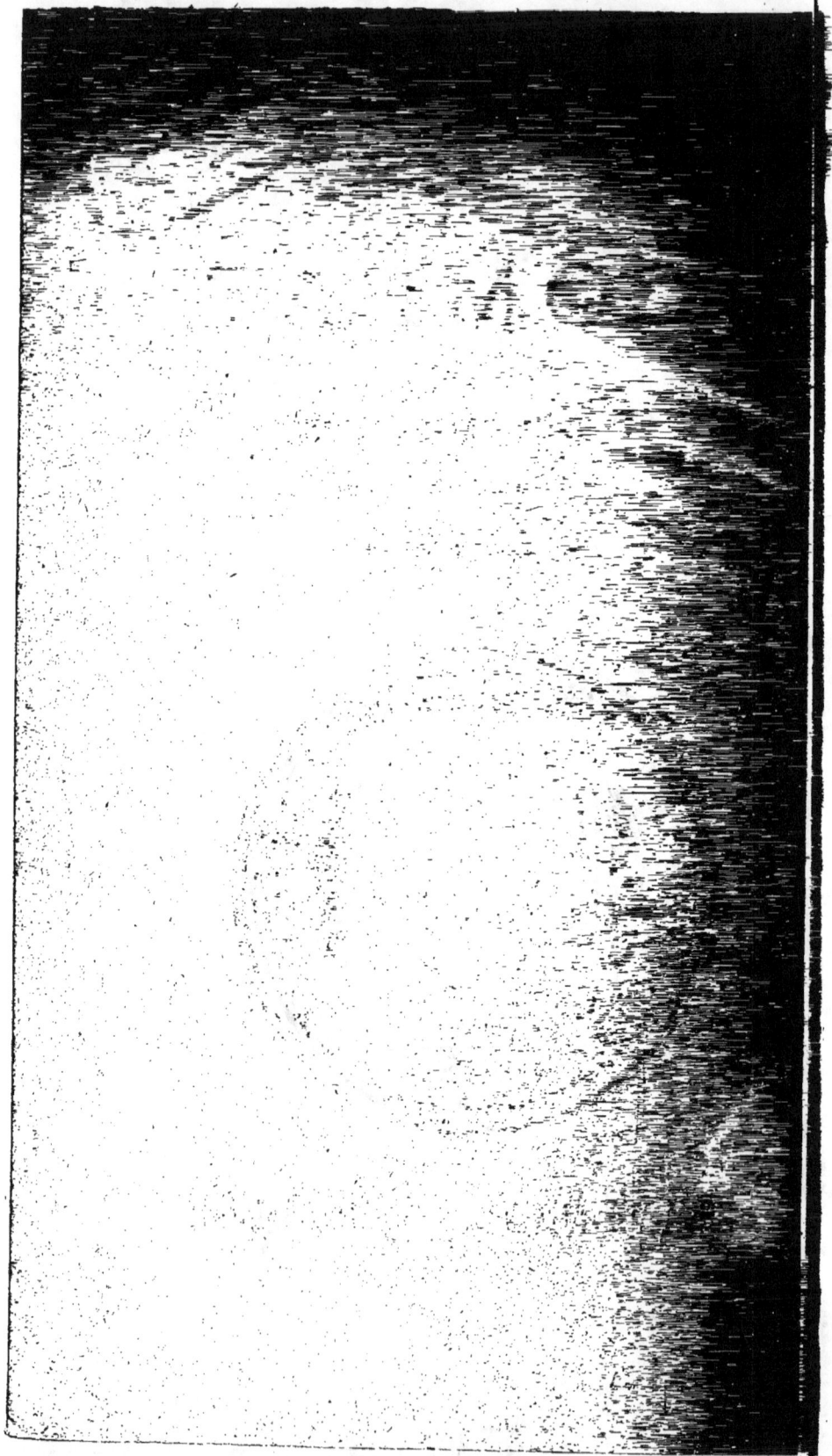

AMI LECTEUR,

Comme vous, je me prépare de grand cœur à cette fête du 1er Décembre ; j'aime cet enthousiasme et ce concours empressé de tous, parce que je crois au patriotisme. Mais pourquoi faut-il donc toujours, et de parti pris, mettre de côté ceux qui ne pensent pas comme vous, au risque même de travestir la vérité.

Désireux de connaître ce qui serait dit de la *Canonnade d'Autun d'après ses 23 historiens*, j'ai voulu aller entendre, hier, la conférence de M. Dormoy. Eh bien ! n'en déplaise à ce conférencier, qui, d'ailleurs, sait intéresser son monde, ce n'est pas ainsi qu'on écrit l'histoire.

Le héros du 1er Décembre n'est point Garibaldi, et si, à travers la légende, et pour ceux qui ne l'ont pas vu à l'œuvre, le Général en chef de l'armée des Vosges conserve un certain prestige, ce n'est point devant les Autunois qu'il convient de faire résonner si haut, en son honneur, la trompette de la victoire.

M. Dormoy nous a paru peu enthousiaste de la bravoure de nos concitoyens : il les a traités plusieurs fois assez durement ; mais les faits sont trop nombreux et surtout trop présents dans la mémoire de tous pour que l'on puisse aussi impunément méconnaître les vrais auteurs de la défense d'Autun, oublier leur courage et leur ravir leur gloire pour en parer un général dont la coupable inaction à Dijon a été cause de la perte de notre armée de l'Est (1).

A Autun cet homme de guerre oublie ce principe élémentaire qu'à la veille d'une bataille, il faut savoir conserver tous ses corps dans sa main pour être prêt à une attaque imminente ; et, au moment de l'action, pour enflammer de jeunes troupes peu habituées encore au maniement des armes, il va se placer, en arrière, à 3 ou 4 kilomètres du centre des opérations. Peu importe du reste la distance, quoiqu'en dise notre conférencier : Garibaldi, qui dans l'occasion connaît la stratégie, savait parfaitement qu'on ne risque rien, même à une faible distance lorsqu'on sait se placer sur le flanc de la ligne de bataille.

Mais je ne viens pas faire le procès de cet homme :

Je laisse à d'autres le soin de briser ce piédestal sur lequel on a élevé la valeur militaire de Garibaldi. Je veux simplement, en m'aidant de souvenirs encore vivants dans la mémoire de tous, présenter le combat d'Autun sous son véritable jour, m'efforçant d'être impartial et de bien rendre à chacun le mérite qu'il s'est acquis dans cette journée, dont nous allons célébrer aujourd'hui l'anniversaire.

(1) Voir à l'*Officiel* le rapport de M. Perrot.

Imp. J. Coqueugniot, Autun,

Je commence mon récit quelques jours seulement avant le 1er Décembre, et, pour ne pas être taxé d'arbitraire, j'en ai puisé les détails, en grande partie, dans le rapport de M. Victor Castilhon, juge suppléant au Tribunal d'Autun en 1870 et 1871. Ce rapport avait paru dans le *Télégraphe de Lyon*, du 24 janvier au 5 février 1873, sous le pseudonyme VÉRITAS.

« Le 24 novembre, dit M. Castilhon, Garibaldi qui, depuis son
« arrivée à Autun (8 novembre), n'avait pas donné signe de vie, et
« qui s'était contenté de sortir deux ou trois fois dans l'équipage d'un
« habitant de la ville, se décida à tenter un coup de main sur Dijon ;
« il avait sous ses ordres une douzaine de mille hommes. Son armée
« se trouvait divisée en trois brigades : la première, comprenant les
« Italiens, était sous les ordres du général polonais Bosack ; la
« deuxième, comprenant la mobile, était commandée par le fils aîné
« de Garibaldi, Menotti ; la troisième, composée de tous les
« francs-tireurs, avait pour chef le second fils de Garibaldi, Ricciotti.

« Bordone était le chef d'état-major français, et Lobbia, le chef
« d'état-major italien.

« Les premiers jours, la fortune parut sourire à Garibaldi : des
« hauteurs de Pasques et de Lautenay, il parvint à déloger les
« Prussiens, qui, n'étant que trois ou quatre mille, comprirent qu'ils
« ne pouvaient lutter devant des forces trois fois supérieures, qui les
« dominaient par la position, et ils se retirèrent jusqu'à Dijon.

« Garibaldi, énivré de ce petit succès, ordonna témérairement de
« poursuivre les Allemands jusque sous les murs de la ville, sans
« s'assurer auparavant, par les éclaireurs, du nombre d'ennemis
« qu'il aurait à combattre avant de s'emparer de cette importante
« cité, où ils s'étaient fortifiés. »

Mais l'ennemi, qui avait eu le temps de masser des forces suffisantes, laissa s'approcher les Garibaldiens, qui, par prudence s'étaient protégés derrière un corps de mobilisés, puis, sans crier gare, lança quelques coups de mitrailleuse, qui arrêtèrent, hélas ! bien vite l'élan de ces troupes peu faites pour les affaires sérieuses.

On vit alors qu'il n'est pas facile d'improviser un général d'armées et de faire comme le prétendait Crémieux « n'importe qui, avec n'importe quoi. » Il fallait une main énergique pour rassembler tous ces différents corps épars, un coup d'œil sûr pour juger que nos positions pouvaient résister longtemps encore à une attaque même plus vive et plus serrée, il n'y eut, hélas ! qu'une coupable inertie et une ignorance complète de la stratégie.

Toute l'armée alors, se mit en déroute et rejoignit Autun après trois jours de marches forcées, dans le plus grand désordre. Les soldats marchèrent à l'aventure, par groupes de cinq à six, et dans la plus affreuse débandade.

Ce fut, dit le capitaine d'Houdetot, chef de l'état-major de Ricciotti, qui s'était chargé de surveiller la retraite, un pêle-mêle incroyable, une panique indescriptible, parmi ces corps qui se répétaient le sinistre sauve-qui-peut.

Le général lui-même, toujours empressé à mettre entre l'ennemi et lui une distance prudente, se faisait transporter par un truk du chemin de fer des houillères d'Epinac, et installé tant bien que mal sur ce wagon découvert avec son état major au milieu de la paille et des malles, il rentra au quartier général. Lorsque les deux corps en désordre et suivant toutes les directions, rentrèrent à Autun dans la soirée du 30 novembre, rien n'était prêt pour les recevoir et ce fut un spectacle navrant de voir ces soldats effrayés, exténués de faim et de fatigue, s'arrêter au premier endroit, sur les escaliers, se coucher sur la terre gelée, sur des dalles froides.

Le repos devait être de courte durée.

Les Allemands, en effet, qui voulaient, disaient-ils, « prendre l'oiseau rouge dans son nid », avaient, malgré leur petit nombre, suivi Garibaldi dans cette fuite échevelée, que l'on compare dans le compte-rendu de l'état major Prussien, à la course d'*un lièvre*. Le mot est textuel, et déjà avait été prononcé par un capitaine allemand. Cet officier, blessé à la cuisse dans l'attaque de la ferme de Châteauneuf, fut apporté à l'ambulance de Beaune, et pendant la nuit, s'entretenant avec un des infirmiers, il lui raconta qu'ils étaient partis de Dijon sans avoir d'autre objectif que de se mettre à la poursuite de Garibaldi. Aussi, un faible détachement ennemi arriva en vue d'Autun, où les toits brillants du petit Séminaire servirent de point de mire à leurs canons.

Ce n'était donc, de la part des Allemands, qu'une simple démonstration militaire, et pour nous ce fut le spectacle navrant de quelques hommes de bonne volonté, courant d'eux-mêmes au feu et à la mort, pendant que la masse des Garibaldiens, prenaient honteusement la fuite.

Le Combat du 1er Décembre.

« Le 1er Décembre au matin (1), on apprend que les Prussiens se

(1) Rapport de M, Castilhon.

« trouvent à Arnay-le-Duc, c'est-à-dire à moins de 30 kilomètres
« d'Autun.

« A une heure de l'après-midi, le bruit se répandit que des hulans
« avaient été vus à 4 ou 5 kilomètres ; un maire des environs courut
« en toute hâte prévenir l'état-major ; on l'arrêta comme espion,
« et on lui répondit que des éclaireurs avaient été envoyés dans
« toutes les directions, à 20 kilomètres ; et que nulle part on n'avait
« signalé la présence de l'ennemi.

Singuliers éclaireurs qui, sans doute, s'étaient bornés à pousser
leur reconnaissance jusqu'au Champ-de-Mars, où les jeux et les cafés
les attiraient plus que les dangers de la guerre.

« Presque au même moment, M. de la Taille, inspecteur du
« du chemin de fer, qui était allé en reconnaissance sur la vòie,
« vint annoncer à Bordone qu'il avait aperçu les premiers déta-
« chements ennemis et qu'il avait été obligé de rebrousser chemin,
« machine en arrière.

« Enfin, M. le commissaire de police, prévenu par plusieurs
« personnes, et voyant qu'on ne semblait prendre aucune mesure
« défensive bien sérieuse, courut vers 1 heure 1/2 à l'état-major,
« pour annoncer la présence de l'ennemi.

« Le colonel Lobia, sous-chef d'état-major, haussa les épaules et
« se mit à lui rire au nez. »

Cette incrédulité systématique avait pour cause, sans doute, la
prétendue impossibilité d'être suivis de si près par l'ennemi quand on
avait fui avec tant de précipitation.

Dans la journée, du reste, des ordres de départ avaient été donnés aux différentes troupes. Le commandant des Charentais avait
donné la liberté à ses hommes jusqu'à 4 heures, heure fixée pour leur
départ d'Autun. *Vers 2 heures*, c'est-à-dire une demi-heure après les
divers avertissements rappelés plus haut, nous avons vu, dit un
témoin occulaire, les malles de l'état-major qui partaient pour Lyon
avec les ordonnances ; les artilleurs de montagne attelaient leur batterie, ils avaient reçu ordre de suivre la même direction. On nous
assure même, que l'ordre avait été donné à la poste d'envoyer à
Lyon la correspondance de Garibaldi.

L'arrivée des Allemands changeait subitement cet ordre du jour,
et laissait aux seuls hommes de bonne volonté le soin de répondre à
cette attaque si imprévue.

Tout à coup, à deux heures, plusieurs coups de canons se firent
entendre ; on se rendit à l'évidence. Garibaldi poussé, je pense, par
un vieux reste de bravoure, se fait transporter sur l'esplanade de

l'ancien Petit Séminaire, où il reste une ou deux minutes, juste le temps de dire aux quelques soldats, les premiers arrivés, « qu'il fallait enlever cela à la baïonnette », puis il remonte en voiture et se fait conduire à l'endroit où nous le trouverons tout-à-l'heure.

Au premier coup de canon, les Charentais qui étaient en ville, ont senti le sang français bouillonner dans leurs veines, et en un moment, pendant que les autres arrivent à la hâte pour prendre leurs effets et s'enfuir, ils sont auprès de leurs pièces, sous les ordres du commandant Ollivier ; ils les disposent en batterie à l'extrémité de l'esplanade, brisent à coups de hache les caissons renfermant les munitions, et répondent avec précision et énergie aux Allemands auxquels ils infligent des pertes sérieuses.

Pendant ce temps-là, nos mobiles et mobilisés se déployaient en tirailleurs aux abords de la ville et le long du bois, pour défendre nos positions. Les uns et les autres se comportaient vaillamment, mais ce fut surtout un duel d'artillerie pendant lequel les artilleurs mobiles de la Charente montrèrent une grande bravoure.

Vers les 5 heures, la lutte était terminée, et on n'entendit plus que quelques détonations allemandes signalant la présence du corps ennemi dans les villages avoisinant Autun.

Cinquante-trois de nos braves défenseurs furent mis hors de combat. Les premiers soins furent donnés aux blessés par des médecins de notre ville, l'ambulance de l'armée des Vosges s'était dirigée sur le Creusot en temps opportun.

« Pendant ce temps, se demande M. Castilhon, que devinrent les « Italiens et les francs tireurs ? Ils pensèrent sans doute, que puis-« qu'ils étaient revenus ventre à terre depuis Dijon, pour échapper « aux Allemands, ils pouvaient bien continuer leur promenade, « quelques-uns, tels que les guérillas de Marseille et d'Orient, s'en-« gagèrent précipitamment dans la route de montagne qui conduit au « Creusot. »

Vers les 4 heures, le nombre des fuyards était déjà tellement grand au Creusot, que l'on dut publier dans la ville la défense aux habitants de recevoir et de nourrir ces soldats qui n'étaient que des fuyards. Un sergent de la garde nationale qui était ce jour-là de garde au poste de la mairie, nous affirmait hier encore, la véracité de ce fait.

« Les Italiens (1) prirent la fuite du côté d'Etang et obligèrent par

----

(1) Rapport de M. Castilhon.

« une réquisition le chef de gare à leur faire un train spécial, ils se
« dirigèrent du côté de Chalon et de Lyon.

« Reçois dépêches de tous côtés, écrivait le général Bressoles au
« ministère de la guerre, m'annonçant fuyards en désordre de
« Garibaldi et autres corps francs. Ils viennent encore inonder la
« ville, y porter le désordre et l'indiscipline. Les chefs m'écrivent
« qu'ils viennent se réorganiser, c'est-à-dire vider encore les maga-
« sins de l'État.

« Je serais bien d'avis de ne leur rien donner et de traduire en
« cour martiale tous les chefs.

Signé : Général BRESSOLES. »

« Plusieurs soldats se couchèrent dans les caves ; les officiers se
« revêtirent d'habits bourgeois, d'autres continuèrent à faire leur
« partie de cartes au café. Les fuyards dérobèrent à main armée et de
« vive force, quantité de chevaux et de voitures pour se sauver plus
« vite. Quelques officiers d'état-major ayant à leur tête le colonel
« Gauckler, sous chef d'état-major, coururent à la gare d'Autun et
« contraignirent le chef de gare à mettre à leur disposition un train
« spécial afin d'être prêts à partir avant l'arrivée de l'ennemi.

« Et Garibaldi, quel fut son rôle dans cette journée du 1er Décem-
« bre ? Après sa courte apparition sur l'esplanade de l'ancien petit
« séminaire, il se fit conduire au village de Couhard, situé à trois
« kilomètres d'Autun sur la hauteur. Il était à cet endroit en dehors
« de la portée des coups de l'ennemi : il s'était, du reste, fait escorté
« de deux obusiers de montagne : toutes ses voitures de bagages le
« suivaient également ; et il ne rentra en ville que lorsque le feu eut
« cessé. » C'était sans doute pour prendre les mesures que nécessitait
la perspective d'une nouvelle attaque ; et pourtant, pendant cette
longue nuit, alors que le bruit sinistre du canon retentissait encore à
toutes les oreilles, et que chez tous l'angoisse était profonde, aucun
préparatif de défense ne se fit pour parer à l'éventualité d'une attaque que tous craignaient à juste titre. On ne prit pas même soin de
se rendre compte de ce que devenait l'ennemi ; aussi les Allemands
couchèrent-ils à la porte d'Autun avec un sans-gêne incroyable, se
préparant à entrer le lendemain dans la ville. Mais pendant la nuit,
ils apprirent que le général Crémer, avec son petit corps d'armée,
cherchait à les inquiéter, aussi ne voulant pas se laisser surprendre,
ils se retirèrent prudemment en prenant la direction de Dijon.

Et il fallut que les habitants des communes voisines faisant office
d'éclaireurs de l'armée des Vosges, vinssent annoncer que les
Allemands avaient subitement battu en retraite au milieu de la nuit.

« A partir de ce moment (1), les officiers qui s'étaient tenus pru-
« demment à l'écart, se montrèrent de tous côtés avec une forfanterie
« dont on n'a pas d'idée, et on emboucha bruyamment la trompette
« de la victoire. Bordone expédia au ministre de la guerre une
« dépêche fantastique dans laquelle, naturellement, il attribuait à la
« vaillante épée de Garibaldi le brillant fait d'armes, qui avait amené
« le départ précipité des Allemands. Il eut même l'audace d'ajouter
« que le général en chef de l'armée des Vosges avait volontairement
« attiré les Allemands sous les murs d'Autun, afin de leur faire subir
« un échec complet. »

Les événements qui suivirent nous donnent hélas ! une tout autre
idée de l'habileté stratégique du général en chef de l'armée des Vosges, et l'enquête parlementaire faite en 1874 par M. Perrot et insérée
dans l'*Officiel* de cette époque, tient un langage tout différent,
quand elle parle de Garibaldi et de la charge qui lui incombait de
protéger l'armée de Bourbaki contre les deux colonnes du corps de
Manteuffel.

Il serait trop long d'entrer dans de nouveaux détails, qui, du reste,
ne répondraient pas au but que nous nous étions proposé en esquis-
sant rapidement le combat d'Autun, le seul qui nous intéresse, et
en rétablissant les faits dans leur exacte vérité.

Pour bien prouver que c'est sans animosité aucune que nous avons
fait paraître ces quelques pages, nous allons emprunter pour termi-
ner, le langage de M. de Freycinet dans deux dépêches du 19 et du
21 janvier 1871, et la conclusion du rapport de l'enquête parlementaire rédigé par M. Perrot, membre de l'Assemblée nationale.

« Bordeaux, 19 janvier, 2 heures 15 soir.
« Guerre à général Bordone, Dijon.
« Je ne comprends pas les incessantes questions que vous me
« posez pour savoir qui commande, non plus que les difficultés qui
« surgissent toujours au moment où, dites-vous, vous allez faire
« quelque chose. Vous êtes le seul qui invoquiez sans cesse des
« difficultés et des conflits pour justifier sans doute votre inaction. Je
« ne vous cache pas que le gouvernement est fort peu satisfait de ce
« qui vient de se passer. Vous n'avez donné à l'armée de Bourbaki
« aucun appui, et votre présence à Dijon a été absolument sans
« résultat sur la marche de l'ennemi de l'Ouest à l'Est. En résumé
« moins d'explications et plus d'actes, voilà ce qu'on vous deman-
« de... »

---

(1) Rapport de M. Castilhon.

Et le surlendemain.

« 21 Janvier, 2 heures 55 soir.

« Si cela doit continuer, je déclinerai quant à moi, devant le gou-
« vernement, toute responsabilité dans votre coopération, et le gou-
« vernement avisera.

« J'avoue que j'attendais autre chose de vous dans cette campagne,
« je regrette d'avoir aussi chaudement pris votre parti dans l'espoir
« où j'étais que cela vous déciderait à une action patriotique *qui eût*
« *fait tout oublier.*   *Le ministre de la Guerre,*

Signé : DE FREYCINET.

M. Perrot, dans son rapport (tom. II. page 187), conclut ainsi :
« Si le général Garibaldi avait été un général français, nous aurions
« été contraints de vous demander que ce rapport et les pièces qui
« le justifient fussent renvoyés par l'assemblée au ministre de 'la
« guerre, afin d'examiner si le général Garibaldi ne devait pas être
« traduit devant un conseil de guerre, pour y répondre de sa conduite
« comme ayant abandonné à l'ennemi, *de propos délibéré et sans*
« *combat*, des positions qu'il avait reçu mission de défendre, et
« comme ayant, par là, occasionné la perte d'une armée française et
« amené un désastre militaire qui n'aura de comparable dans l'histoire
« que les désastres de Sedan et de Metz. »

La conclusion à tirer de cette rapide esquisse, peut, croyons-nous,
se formuler en trois points :

1° Le petit corps de troupes allemandes qui attaqua Autun le
1er Décembre 1870, fut attiré jusque-là par l'intention de donner la
poursuite aux débris de l'armée Garibaldienne fuyant en désordre de
Dijon.

2° Si les ennemis, dont le dessein paraissait être de se cantonner
pendant la nuit sur leur champ d'opération, abandonnèrent le poste
quelques heures plus tard, on ne saurait attribuer cette retraite à la
crainte d'avoir affaire, le lendemain, avec des troupes nombreuses et
bien dirigées, mais à la marche du général Crémer qui menaçait de
les couper du gros de leur corps d'armée.

3° Enfin, l'honneur de la défense revient tout entier aux corps
français, artilleurs mobiles de la Charente, mobiles de l'Aveyron et
mobilisés de Saône-et-Loire.

Si c'est pour tous un devoir d'honneur de glorifier à jamais ceux
qui, poussés par l'élan du patriotisme, ont couru spontanément aux
armes, et ont versé noblement leur sang, pour préserver notre ville
de l'invasion. Ce n'est que justice d'établir impartialement les
responsabilités, et de rendre à chacun selon ses œuvres.

BIBLIOTHEQUE NATIONALE DE FRANCE

3 7531 00793521 7

www.ingramcontent.com/pod-product-compliance
Lightning Source LLC
Chambersburg PA
CBHW060717280326
41933CB00012B/2462

* 9 7 8 2 0 1 1 2 6 9 8 4 3 *